AF467087

ÉLOGE HISTORIQUE

DE

ANDRÉ THOUIN,

PRÉSIDENT DE LA SOCIÉTÉ LINNÉENNE DE PARIS, MEMBRE DE L'ACADÉMIE DES SCIENCES (INSTITUT DE FRANCE), PROFESSEUR-ADMINISTRATEUR DU MUSÉUM D'HISTOIRE NATURELLE DE PARIS, etc.

PAR M. ARSENNE THIÉBAUT DE BERNEAUD,

Secrétaire perpétuel de la Société Linnéenne, membre correspondant de plusieurs Académies nationales et étrangères, etc.

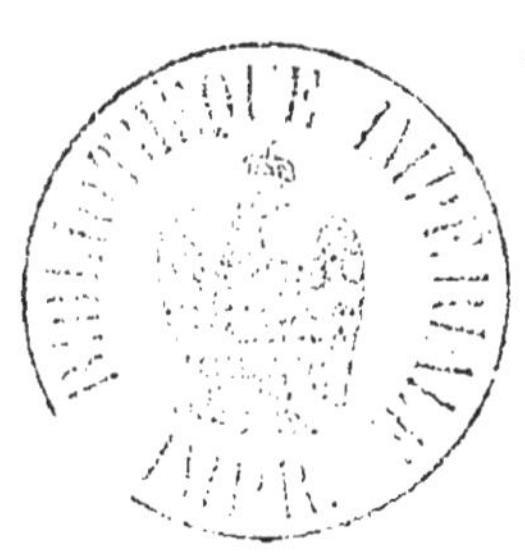

« A une vertu si eslevée que la sienne, je ne puis rien » mettre en teste. Je l'ai vue marcher d'un victorieux » pas et triomphant, en pompe et à son aise, sans em- » peschement ne destourbier. »

(MONTAIGNE, *Essais*, liv. II, chap. 11.)

PARIS,

DE L'IMPRIMERIE DE LEBEL, IMPRIMEUR DU ROI,

RUE D'ERFURTH, Nº 1, PRÈS L'ABBAYE.

1825.

ÉLOGE HISTORIQUE

DE

ANDRÉ THOUIN,

Président de la Société Linnéenne de Paris, etc. (1)

Pendant qu'il était au milieu de vous, Messieurs, vous avez honoré les vertus vraiment antiques de André Thouin; vous avez, avec une sorte d'orgueil, profité des larges rayons lumineux qu'il a, sans ostentation, et comme par plaisir, portés sur les diverses branches de l'industrie agricole. Le jour où il cessa de vivre, vous avez, en signe de deuil, suspendu vos travaux; vous avez versé sur sa tombe les pleurs sincères d'une reconnaissance profondément sentie; vous avez de plus chargé celui d'entre vous qui eut le bonheur de recevoir pendant un quart de siècle ses conseils et le titre d'ami, de remettre sous vos yeux le tableau fidèle d'une vie consacrée tout entière à l'utilité de la patrie, au bien-être des hommes, à la prospérité des sciences. Puissiez-vous, ô mes confrères, puissent l'honorable assemblée qui m'écoute, la famille, les disciples, les

(1) Lu à la séance publique de cette Société le 28 décembre 1824.

admirateurs de cet excellent citoyen que je vois réunis autour de moi, applaudir au devoir pieux que mon cœur va lui rendre! Jeunesse studieuse, je vous demande un peu d'attention, venez apprendre de l'homme sage dont j'écris l'éloge, que vous pouvez, comme lui, conquérir l'estime de votre siècle, marcher à la véritable illustration, quel que soit le genre de vos recherches, quel que soit le poste où la fortune vous a placé; mais apprenez aussi, par son exemple, qu'il vous faut utilement employer le temps qui fuit; qu'il vous faut amasser de solides connaissances pour l'âge mûr, conserver des mœurs austères, et n'avoir d'autre ambition que celle de l'intérêt public, que celle qui fait du bien à vos semblables.

André Thouin naquit à Paris le 10 février 1747, dans le lieu même où il devait un jour cueillir les palmes de la gloire, au sein de ce Jardin des plantes qu'il était appelé à soigner, à porter à la haute réputation dont il jouit également partout, et à doter des plus belles productions de l'un et l'autre hémisphères. Fils d'un simple jardinier, et jardinier lui-même, il sentit de bonne heure le besoin de profiter de la situation favorable où le sort l'avait placé pour s'élever au-dessus de cette profession, que si peu d'hommes honorent, parce que ceux qui l'exercent semblent se complaire dans les langes de la routine, et qu'ils osent à peine porter leurs regards au-dessus des étroits sentiers frayés par l'habitude. Il se familiarisa d'abord avec les plantes que ses jeunes mains cultivaient pour aider à son père et pour augmenter les ressources toujours fort exiguës d'une nombreuse famille; il les interrogea ensuite pour en connaître la structure, les fonctions vitales et les propriétés particulières, afin de découvrir par quels moyens et dans quelles circonstances le végétal se multiplie le plus sûrement, l'application la plus avantageuse que l'on peut lui faire, selon les localités, des agens propres à développer les forces mécaniques, physiques et chimiques de la nature; en un mot, pour généraliser, fixer, rectifier les idées reçues par la pratique sur celles que donne une théorie solide. Ce premier pas vers la science amena le jeune Thouin à lire les ouvrages agronomiques de Théophraste, de Varron, de Columelle, de Olivier de Serres, de Duhamel du Monceau, etc.; après avoir joui solitairement des merveilles de la nature, il voulut apprendre de ces grands maîtres le secret d'en propager la connaissance, d'en étendre le goût; il voulut savoir l'art de communiquer aux autres les découvertes que l'on est dans le cas de faire en se livrant tout entier aux études utiles.

Un plan de conduite aussi bien conçu, aussi fidèlement suivi, ne pouvait échapper à l'œil observateur de Buffon; il a deviné l'avenir de André Thouin; il se garde bien de le lui révéler de crainte que la vanité ne le fasse changer, mais le jeune jardinier n'est plus perdu dans la foule des humbles ouvriers de l'établissement; l'historien de la nature l'encourage, non par des éloges outrés, comme on le fait de nos jours, mais en veillant sur lui, en présidant à ses études, en lui ouvrant sa maison et sa bibliothèque, en lui donnant son estime, en lui promettant son amitié.

Ces faveurs du génie honoraient le jeune Thouin.

Au nombre et à l'énergie des émotions qu'elles portèrent dans son cœur, il éprouva le besoin de grandir avec elles. Il mit toutes ses jouissances à en mériter la continuation, et pour justifier du profit qu'il savait en tirer, il redoubla de zèle et d'aptitude au travail. « Rien ne me coûta, me disait-il; il fallait payer les » bienfaits de BUFFON; le langage de la gratitude me » paraissant trop faible, trop ordinaire, pour exprimer » tout ce que je sentais, je m'imposai la tâche des » succès : ce fut le devoir de ma vie. » L'appui du grand homme fit pour lui jaillir les sources du bonheur; il en fut profondément ému, et son plaisir était de lui en rendre grâces chaque jour; il en parlait comme un amant parle de sa maîtresse, comme un bon fils parle de sa mère, il en parlait toujours avec l'accent d'une âme pénétrée, et la noble réputation qu'il s'est acquise prouve que ses goûts étaient d'accord avec son cœur, que l'étude avait pris chez lui le caractère d'une passion ardente, aussi vive sous les glaces de l'âge, qu'elle fut fortement soutenue durant les belles années de son printemps.

Sans cesse stimulé par le besoin d'alléger les fatigues de son père, et par le doux espoir d'être utile à sa famille, on le vit, dans la même journée, du laboratoire où la main patiente de l'homme force la terre à porter des fleurs et des fruits que la rigueur du climat lui refusait, passer, avec une application toujours égale, sur les bancs du chimiste qui analyse tout pour tout mieux apprécier, et suivre les cours de physique, de botanique et de minéralogie. Avide de connaissances positives, on le voyait, tantôt dans les champs, au milieu des grandes fermes, cherchant des détails étendus sur l'économie rurale; tantôt apprenant, à l'aide des mathématiques et des sciences qui traitent de l'économie politique, l'art d'apporter dans ses expériences horticulturales l'exactitude qu'elles exigent. C'était le véritable moyen de tirer de leurs résultats la plus grande somme de profit possible, il le devina et s'en servit pour donner une impulsion nouvelle à l'agriculture et au commerce, que Sully appelait les deux mamelles de la patrie.

Dans une âme ordinaire cette ardeur immodérée, le nombre et la diversité de ces occupations pouvaient dompter les efforts et rendre impuissante la volonté la plus robuste; chez André Thouin elles semblaient nécessaires à sa propre existence; elles entretenaient sans relâche son noble élan; elles lui semblaient moins lourdes, parce qu'elles s'appliquaient toutes à un but unique, au besoin de perfectionner l'art que l'habileté de son père, que le tendre amour qu'il portait à ce père si respectable lui faisaient chérir de prédilection. C'est ainsi, Messieurs, que l'on parvient à surmonter les grands obstacles; c'est ainsi que le désir de satisfaire une raison qui nous demande compte de tout, qui veut tout approfondir et tout lier par des faits bien constatés, oblige la nature à nous dévoiler ses secrets, et à la gloire d'inscrire notre nom sur les tables de l'immortalité.

A dix-sept ans, André Thouin pouvait déjà marcher à l'égal de ses maîtres; son savoir immense contrastait avec la fougue de sa jeunesse; il sentit sa force, mais elle ne put rien lui faire perdre de ses goûts simples, de la rare modestie qu'il conserva toute sa vie. A cette époque brillante le malheur vint l'atteindre : il vit inopinément mourir son père. Brisé par la douleur, il paie par des larmes le tribut de sa grande sensibilité; puis il se relève courageux, se consacre tout entier à l'éducation, à la félicité de ses frères et sœurs encore en bas âge, et pour être désormais leur second père, il voue sa vie au célibat, et refuse constamment les partis plus ou moins avantageux qui lui sont offerts à diverses époques. Un acte de piété filiale aussi touchant, un acte de charité fraternelle aussi héroïque ne pouvait que lui concilier tous les cœurs. Buffon et Bernard de Jussieu l'en récompensèrent, le premier en lui donnant aussitôt (1) la place de jardinier en chef, que son père occupa très-honorablement depuis le 18 juin 1745 jusqu'au 26 janvier 1764; le second en lui servant de mentor. Tous les gens de bien applaudirent au choix de Buffon, à la générosité de Jussieu; tous les hommes instruits en conçurent les plus hautes espérances : ils ne se trompèrent point.

De ce moment le jeune Thouin dut regarder le Jardin des plantes comme un domaine qui lui était, en quelque sorte, échu par héritage, qu'il devait exploiter autant par devoir que par reconnaissance; il en fit donc sa patrie, le centre de ses plus chères affections, l'élément essentiel de son existence.

Plus ses devoirs étaient grands, plus ils lui furent sacrés; plus ils exigeaient de lui de temps et d'attention, plus ils multiplièrent ses forces, et donnèrent

---

(1) Son brevet est daté du 28 janvier 1764.

une énergie nouvelle à son infatigable activité. Satisfait de l'accroissement que recevait chaque jour le Cabinet d'histoire naturelle, il osa cependant se plaindre de ce qu'il faisait trop négliger les besoins des cultures, et de ce qu'il détournait trop la pensée de Buffon des richesses végétales que la fondation de l'établissement et l'intérêt de l'agriculture nationale réclamaient de lui. Il crut pouvoir proposer un plan d'amélioration à ce sujet. Buffon le goûta, mais craignant d'abuser du zèle de l'impatient jardinier, il voulut l'ajourner. Thouin devint si pressant qu'il fut impossible de lui rien refuser. Cette faveur, il la regarda comme personnelle; il en conserva le tendre souvenir : elle fut l'affaire de toute sa vie.

Tout-à-coup le jardin changea de face. En 1770, l'Ecole de botanique plantée par Tournefort fut doublée, triplée d'étendue ; les arbres du nouveau continent, qui pouvaient convenir aux arts économiques, vinrent, à sa voix, marier leurs ombres amies au feuillage hospitalier de nos arbres indigènes ; les régions les plus reculées du Gange et de l'Indus apportèrent leurs tributs balsamiques; une correspondance active, une correspondance amicale, lia tous les peuples au plan le plus vaste et le mieux conçu, et provoqua des échanges de toutes les sortes sur les divers points du globe. Dix ans après, le jardin prit un aspect encore plus imposant; les serres offrirent une riche collection de végétaux de toutes les latitudes, et sous les autres rapports il effaçait déjà ce que l'Europe vantait en ce genre de grand et de mieux fourni : ce n'était cependant que le prélude d'un avenir plus brillant encore.

Le jeune auteur de ces changemens remarquables les rapportait à ses bienfaiteurs. « Ce sont eux qui me » les ont inspirés, disait-il avec candeur, à eux seuls » en appartient tout le mérite. » Mais essentiellement généreux, trop justes l'un et l'autre pour s'attribuer la gloire de leur élève, de leur ami, ils saisirent cette occasion pour publier ses succès, pour leur faire franchir les limites de l'établissement et les rendre profitables à tous. Ils le proclamèrent le restaurateur du jardin, ils le montrèrent aux horticulteurs comme un modèle à suivre, et prirent plaisir à l'associer à leurs nobles desseins, à leur propre gloire. Le nom de André Thouin se plaça de la sorte auprès de ceux de Buffon et de Bernard de Jussieu; son nom devint aussitôt pour la France, pour l'Europe entière, comme l'appel à un gouvernement mieux entendu des végétaux; il fut surtout le signal d'une nouvelle direction dans les études et les entreprises agricoles, du moment qu'on le vit lié d'une intimité presque fraternelle avec Malesherbes, recherché par Jean-Jacques Rousseau pour herboriser ensemble, distingué par Linné, digne appréciateur des hommes et des choses, élu par la Société d'agriculture de Paris, et prendre place à l'Académie des sciences (1).

L'humble carrière du modeste jardinier s'élargit par ce triomphe vraiment inoui, par ce triomphe juste ré-

---

(1) Ce fut le 1er mars 1784 et le 10 mars 1785. L'Académie des sciences d'Utrecht (11 avril 1785), celle des Scrutateurs de la nature de Berlin et des *Georgofili* de Florence (le 10 octobre et le 18 décembre 1786) s'empressèrent de l'associer à leur gloire.

compense de travaux commencés et terminés dans la vue du bien public, juste récompense de toutes les vertus du citoyen et de l'homme privé. La carrière de savant, que André Thouin allait désormais remplir, le mit bientôt à la tête des plus habiles expérimentateurs français, à la tête des écrivains géoponiques du siècle. Son premier mémoire eut pour but la nécessité des plantations, afin de réparer le plus promptement possible les grandes fautes du passé, de couronner d'arbres les collines et les montagnes dont nos vastes bassins sont environnés, d'employer convenablement les terrains abandonnés comme stériles. Il fit voir comment on pouvait, presque sans frais, augmenter notre population végétale, et la porter de soixante-dix-neuf espèces différentes à deux cents, toutes en état de croître et de fructifier en pleine terre sur le sol national. Ce projet éminemment utile fut applaudi, et chaque propriétaire voulut s'y associer en adoptant à l'envi les sages conseils qu'il contenait. Un mouvement aussi spontané dut plaire à celui qui avait su le donner, et pour soutenir l'élan imprimé aux esprits, André Thouin décida l'Administration du Jardin des plantes à verser *gratis* dans les mains des cultivateurs l'excédant de ses multiplications en tout genre. Non content d'agrandir la sphère de l'agriculture, et de donner un nouvel aliment à l'étude de la botanique, il pénétra de la sorte dans toutes les propriétés urbaines et rurales pour y créer des bosquets enchantés, pour y semer de rians tapis, pour y placer des végétaux utiles jusqu'alors inconnus, ou seulement cultivés chez un très-petit nombre de riches amateurs.

Ami de AUGUSTE BROUSSONNET, qu'il aida, en 1788, à édifier le temple linnéen que vous soutenez, Messieurs, par de nobles travaux, par vos veilles savantes, ANDRÉ THOUIN fut chargé de recueillir et de publier, de concert avec lui, et chaque trois mois, des observations géorgico-météorologiques. Malheureusement ce résumé, plus important qu'on ne le pense d'ordinaire, et qui pouvait offrir des données très-utiles à l'agriculture, n'embrassa que les deux années 1785 et 1786 (1).

Détourné de cette entreprise par la pensée du grand mouvement qui agitait les esprits dans la vue d'améliorer les diverses branches de l'administration publique, de régulariser l'impôt, de rendre la patrie forte, indépendante de toute influence étrangère, et de placer son gouvernement au sommet de la politique européenne, votre illustre confrère, Messieurs, se vit appelé au Conseil du département de Paris. Elu par le peuple, qui le payait ainsi des services qu'il avait rendus, il dut accepter cette charge honorable; elle lui permettait d'ailleurs de faire pour l'agriculture nationale tout le bien que sa grande âme méditait sans cesse. Il consentit à prendre part aux délibérations pendant les années 1791 et 1792, alors que les lumières, les intentions pures, les vues d'intérêt public élargissaient les voies de la civilisation, détruisaient les abus, délivraient nos campagnes des sujétions féodales, de l'oppression de la

(1) C'est sur son invitation que je me suis imposé un pareil devoir; depuis 1817, je publie exactement tous les six mois, dans ma *Bibliothèque physico-économique*, un tableau raisonné des événemens météorologiques.

dîme, de la servitude des personnes. Mais, dès qu'il eut entrevu la fausse direction que de grands criminels, que l'or de l'étranger, imprimaient au noble enthousiasme des esprits; dès qu'il eut reconnu le piége tendu à la bonne-foi pour exciter l'exaspération des passions et en profiter pour monter impunément à la fortune, il blâma les excès, non pour les dangers qu'il courut, mais dans l'intérêt de la patrie. Excellent citoyen, il sut, dans toutes les circonstances de sa vie, faire abnégation de lui-même, et s'il quitta le poste où l'avait placé la confiance de ses concitoyens, c'était pour leur enseigner l'art de cultiver la terre du haut de la chaire de cette Ecole normale qui développa de si grands talens : c'était dans l'intention de leur être plus utile encore, en les ramenant aux douces occupations des jardins, aux charmes de la vie rurale (1).

Peu de mois après (2), il partit pour la Hollande, où, à la tête d'une commission spéciale, il alla conquérir, à l'ombre des lauriers des deux armées du Nord et de Sambre-et-Meuse, ce que la Belgique et l'ancienne Batavie offraient de précieux sous le rapport des sciences et des arts. Il vit tout pour découvrir ce qui pouvait lui donner de nouvelles connaissances; il étudia les pratiques de l'horticulture portées si loin dans ces pays industrieux, et rassembla les outils qui y sont en usage, quand ils présentaient quelque perfec-

---

(1) Il fut nommé professeur-administrateur du Jardin des plantes, par décret de la Convention nationale, du 10 juin 1793.

(2) Le 12 novembre 1794. Les autres membres de la commission étaient le géologue FAUJAS DE SAINT-FONDS, le bibliothécaire LEBLOND et le dessinateur DEWAILLY.

tion sur les nôtres. Il descendit dans la mine de terre d'ombre des environs de Cologne, où les arbres aujourd'hui vivans sous la zone torride sont entassés les uns sur les autres dans une épouvantable confusion; il parcourut les cavernes ouvertes dans les flancs de la montagne de Maëstricht, qui renferme les ossemens des plus grands animaux de la terre, cachés sous les débris d'un monde très-ancien; il foula les landes de la Campine que la plus généreuse institution a su dernièrement convertir en domaines fertiles avec les élémens les plus dangereux de la société (1); il visita les établissemens de botanique, où vécurent et où s'immortalisèrent les premiers maîtres de l'aimable science, et il se sentit comme enveloppé par les grandes pensées qui les animaient.

De retour de cette belle expédition, une autre plus belle encore devait l'arracher de nouveau à ses études sédentaires. Il est envoyé dans l'Italie (2) pour solliciter de cette terre, deux fois illustre, l'indemnité de la victoire. Loin de s'occuper, comme tant d'autres, à profiter personnellement des horreurs de la guerre, des droits affreux de la conquête, il fait respecter les propriétés particulières : c'est aux établissemens publics, c'est aux maisons religieuses, où ils forment un singulier contraste avec l'humilité, avec les principes austères de l'institution, qu'il demande les monumens autrefois enlevés au sol classique de la Grèce, aux

(1) Je veux parler des mendians et des vagabonds.

(2) En 1796 et 1797; il était accompagné de Moette, sculpteur; Barthelemy, peintre, et Tinet.

vieilles cités bâties sur les bords du Nil, et ceux créés dans les XV et XVIe siècles au sein de l'Italie moderne.

Fier de la possession de ces titres augustes de la grandeur du génie, André Thouin les accompagna fidèlement à travers les âpres sommets de l'Apennin, sur les flots de la Méditerranée, dans leur marche triomphale vers la capitale de la France victorieuse. Ils entrent à Paris, ils décorent les salles du Louvre; pendant dix-huit ans ils y nourrissent nos artistes, pendant dix-huit ans ils y jouissent de la plénitude de la gloire, mais après dix-huit ans ils furent contraints, lorsque des hordes barbares souillèrent le sol de la patrie, à redescendre sur une terre que le fer étranger rend esclave, sur une terre où tout pourrait encore redevenir grand si la liberté renaissait de ses cendres.

Aux cinquante chars qui, sous les auspices de André Thouin, promenaient de Rome à Paris les chefs-d'œuvre de la sculpture et de la peinture; aux caisses nombreuses qui renfermaient les manuscrits les plus précieux, les premiers livres enfantés par l'imprimerie naissante, votre illustre confrère, Messieurs, n'oublia pas de joindre ce qui pouvait le plus intéresser l'étude de l'histoire naturelle et surtout notre agriculture. Il rapporta des végétaux peu ou point connus en France, et ceux des instrumens aratoires ou des outils de jardinage qu'il savait pouvoir être utiles. Il ramena du pays florentin six étalons de la superbe race d'ânes que l'on cite pour sa taille, sa forme très-agréable et sa vitesse à la course; de la Campagne de Rome, douze taureaux et vingt-quatre vaches remarquables par leurs grandes cornes et la longueur de leurs jambes; plusieurs paires de buffles que les Napolitains et les Romains ont depuis long-temps introduits dans leur économie rurale; quelques individus du chameau à une bosse ou dromadaire qu'on élève par troupeaux dans des parcs auprès de Pise (1).

André Thouin revint pur comme il était parti. Son séjour en Hollande et en Italie lui fit priser et chérir davantage sa patrie, ses parens, ses amis; c'est ce qu'il me répétait alors que moi-même j'entrepris un grand voyage dans cette dernière contrée, que j'ai étudiée en détail avec une avidité, avec une joie toujours croissantes.

Une couronne de chêne fut la récompense de ces deux honorables missions; elle lui fut donnée au Champ-de-Mars le 27 juillet 1798, en présence d'une population immense, et une médaille d'or, portant ces mots : *Les sciences et les arts reconnaissans*, attesta les nouveaux services qu'il venait de rendre à la patrie.

Plus tard il se vit décoré de l'étoile de la Légion-d'Honneur. En la recevant, il dit au chef de l'empire : « J'accepte avec reconnaissance cet emblême des vertus civiques, parce que je le tiens des mains de l'héroïsme; mais je dois déclarer que je ne le porterai point, il serait sans objet sur mon habit de jardinier, et puis l'orgueil, inséparable de toute distinction,

---

(1) Les manuscrits de ces voyages existent, ils contiennent des observations curieuses sur l'agriculture, les mœurs et les usages des Hollandais et des Italiens.

» pourrait peut-être me faire oublier la bêche et la » serpette. Comme elles ont fait ma consolation et ma » fortune, en elles je dois borner mon ambition, d'elles » seules j'attends le bonheur et la gloire. » Langage sublime, tu peins bien l'âme tout entière de l'homme vertueux que nous pleurons, du savant qu'on ne remplacera jamais! Ainsi, quand l'ambition débordait de toutes parts, et que le despotisme caressait tous les genres de faiblesses pour tout démoraliser; quand tout s'humiliait pour flatter, pour solliciter des titres et des cordons, pour vendre sa plume et soumettre sa pensée, André Thouin demeurait simple et paisible au milieu de ses cultures, au milieu de ses livres. Toujours à ses devoirs, uniquement occupé du dépôt confié à ses mains habiles, et de l'existence des hommes placés sous ses ordres, il voulut être utile sans grever l'Etat; il ne quitta point la voie du juste ouverte devant lui pour courir la carrière avilissante de ceux qui ont pris l'habitude de transiger avec leur conscience; il montra toujours la même franchise, la même fermeté dans ses pensées et dans ses actions. Seul, quand la corruption était presque générale, il conserva les qualités de l'honnête homme, l'austérité du citoyen, le zèle du professeur dévoué; seul, il servit la patrie pour la patrie elle-même : c'est ainsi que les arbres conservent leur fraîcheur durant les chaleurs excessives de l'été, et qu'ils présentent un aspect d'autant plus riant, un abri d'autant plus précieux que, à cette époque, les campagnes environnantes paraissent entièrement brûlées.

Devenu plus que jamais le centre d'une correspondance très-étendue, devenu l'arbitre des travaux de tous les propriétaires instruits, et le propagateur des meilleures méthodes que lui révélaient, que lui confirmaient sa pratique habituelle et la pratique des étrangers, toutes les Sociétés savantes se firent un devoir de lui présenter leur diplôme (1) ; l'Angleterre, la Suède, la Russie, les deux Amériques, les pays que baignent les vagues orageuses de la mer du Sud, voulurent inscrire son nom parmi ceux de leurs bienfaiteurs, et les hommes illustres du siècle sollicitèrent son amitié, lui donnèrent des preuves non équivoques de leur haute vénération (2).

Membre de l'Institut de France à sa création, l'un des fondateurs et dignitaires de la Société Linnéenne en 1788, et l'une de ses colonnes les plus solides depuis son rétablissement en 1820, il a pu recueillir,

---

(1) Les Sociétés Linnéennes de Londres et de Philadelphie; des naturalistes de Hanau, New-Yorck, Marbourg; des sciences de Naples, Madère, de l'Ile-de-France, de Harlem, de Mayence, Dijon, Nancy, Lille, Rouen, Soissons, Strasbourg, Valenciennes, Orléans; d'agriculture de Corfou, de Rome, Potenza, Vérone, Philadelphie, Besançon, Boulogne-sur-Mer, Bordeaux, Bourg, Cambrai, Caën, Châlons-sur-Marne, Chaumont, Dijon, Douai, Dunkerque, Grenoble, Jemmapes, Lyon, Mézières, Montpellier, Mont-de-Marsan, Moulins, Nancy, Niort, Rouen, Strasbourg, Vannes, Versailles, Vesoul; d'économie rurale de Postdam et de Gratz; d'horticulture d'Edimbourg, Berlin, Londres; de botanique de Gand, etc.

(2) Linné fils et Dombey se disputèrent l'honneur de lui dédier un genre de plantes; Le premier avait oublié que son *Thouinia* était le chionanthe du Ceylan nommé par son père; le second a dû voir le sien rentrer dans le genre lardizabale. Le *Thouinia* d'aujourd'hui est de l'octandrie monogynie et de la famille des savonniers. Toutes les espèces connues appartiennent aux Antilles.

dans les yeux, dans le cœur de tous ceux qui l'approchaient, l'expression des sentimens du monde entier à son égard, et jouir de l'approbation des gens de bien qui, selon le mot de Jean-Jacques Rousseau, est la seconde récompense de la vertu sur la terre.

Cependant, jaloux de donner de plus en plus de l'extension aux saines doctrines qu'il enseignait, et de porter à une amélioration continue la plus noble et la plus profitable des industries, il sollicita et obtint, en 1806, la création au Jardin des plantes d'une école d'agriculture pratique. Son but était encore, en dotant la France d'habiles cultivateurs, de rendre l'étude des végétaux plus facile et plus sûre en l'éclairant du flambeau de l'expérience.

Dès que son cours fut ouvert, on vit aussitôt arriver des environs de Paris, des départemens, et même de l'étranger, propriétaires, riches amateurs, simples jardiniers, jeunes gens et vieillards, pour entendre l'illustre professeur. Tous éprouvent le besoin de profiter des lumières qui jaillissent de sa tête éminemment observatrice ; tous l'écoutent avec recueillement, tous méditent, à son exemple, des applications utiles, et chacun, en le quittant, se sent meilleur.

André Thouin possédait au plus au degré l'art de persuader et d'entraîner. Son éloquence était dans sa bonhomie, dans sa complaisance que rien ne pouvait lasser, dans un style simple, méthodique et clair, dans le choix des faits et dans l'exposition des résultats, dont la voix parle plus haut à l'intérêt que les systèmes les mieux conçus, que les livres les mieux écrits. Il a publié les élémens de son cours dans des tableaux synoptiques, où toutes les parties qui constituent le vaste domaine de l'économie rurale sont parfaitement analysées, où toutes les connaissances utiles à ses progrès sont classées avec exactitude et une précision très-remarquable. Chacune des leçons du cours était le développement de ces ingénieux tableaux; l'examen du jardin et des serres en fournissait le complément. C'était ainsi que le maître justifiait aux yeux de l'élève les lois de la théorie par le travail de la pratique; c'était ainsi qu'il appuyait sans cesse la pratique sur la savante théorie; enfin, c'est ainsi qu'il est parvenu à reculer les bornes de l'une et de l'autre en les forçant à se prêter un mutuel secours, et à assurer les améliorations en tout genre que l'avenir promet à l'économie rurale en France.

André Thouin recommandait surtout les semis comme la base fondamentale de toute bonne et grande culture; c'est, disait-il, l'unique moyen de raviver les races des végétaux, de les perfectionner pour notre usage, de les acclimater plus promptement, et de donner naissance à de nouvelles variétés, qui ont quelquefois des propriétés plus éminentes que celles de leurs espèces anciennes. Il prêchait les plantations comme un acte de vertu, et la naturalisation des végétaux utiles comme un devoir envers la patrie.

Son âme, selon l'expression de Montaigne, avait trop de gaillardise et de verdeur pour s'arrêter là; aussi allât-elle plus loin. Jusqu'à lui les savans avaient dédaigné l'agriculture, et, malgré les travaux de Rozier, comme aux temps des Romains, elle était à leurs yeux l'occupation des mercenaires. André Thouin a triomphé de l'antique préjugé; il a placé le premier des arts sur la même ligne que les sciences; il a montré ce que celles-ci ont déjà reçu de lui, et ce qu'elles doivent en attendre pour leur perfectionnement. En effet, lorsqu'elle s'empare des découvertes des sciences, l'agriculture en étend les limites. Il a fait voir l'influence qu'elle a de tout temps exercé sur la civilisation, sur la destinée des États, sur l'excellence des lois, et que d'elle seule, comme chez les anciens, le philosophe peut apprendre à donner une existence réelle à ses nobles spéculations.

Les leçons d'agriculture pratique ne sont encore dans nos mains que par fragmens, que par copies sténographiées plus ou moins complètes, mais elles ne sont point perdues, le manuscrit est prêt, il sera bientôt publié. Quant à ses autres ouvrages, ils sont épars dans divers recueils (1); tous forment un ensemble et demandent à être réunis : c'est la tâche honorable que la reconnaissance, disons mieux que la piété filiale impose à sa famille éplorée, et surtout à M. Oscar Leclerc son neveu, qu'il a formé, qui a toujours travaillé avec lui, qui a mis, sous ses yeux, et dans l'ordre qu'il le voulait, les fruits de tant d'années d'observations, de recherches et de méditations assidues (2).

L'éclatante célébrité de André Thouin, loin de l'énorgueillir, sembla lui faire un devoir de renfermer sa

---

(1) On en trouvera la liste exacte à la suite de cet éloge.

(2) M. Oscar Leclerc a pris auprès de la Société Linnéenne et auprès du public l'engagement de remplir bientôt ce devoir pieux et doublement honorable pour lui.

vie dans les affections domestiques, dans une retraite studieuse. Cette existence toute intérieure conserva la *robusticité*, la noble ingénuité des sentimens de son cœur. Elle parut une singularité aux yeux de certains hommes pour qui les agrémens, les riens pompeux de la société sont comme une sorte de besoin, un passe-temps d'habitude. On alla même jusqu'à dire que ce stoïcisme n'était qu'apparent, qu'il cachait en secret une autre combinaison de vanité : tel est donc le destin des grands caractères, si rares aujourd'hui, que la petitesse du plus grand nombre ne peut les comprendre, et qu'elle préfère à l'honneur de les imiter la lâcheté de les calomnier. Personne ne fut plus obligeant, plus intimement modeste, plus dépourvu d'ambition que votre illustre président, Messieurs ; il ne parlait jamais de lui, jamais il ne citait ses écrits ni ses propres expériences ; et ses propres découvertes, il les exposait comme des choses à peu près connues ou comme pouvant être faites par tout autre. Ami de l'indépendance, il ne s'assujétit point à des besoins factices, aux ennuis de l'étiquette, à la gêne du cérémonial ; les honneurs l'effarouchaient, et s'il consentait parfois à en porter le fardeau, c'est qu'il s'agissait du bien public, c'est qu'il y voyait le motif d'obliger ses amis. La gaîté franche était la base essentielle de son caractère ; elle n'était jamais si vive, si aimable, que lorsqu'on lui découvrait une vérité nouvelle, que quand on lui fournissait l'occasion d'une conquête utile à la patrie. Il accueillait tous ceux qui le visitaient, riches ou pauvres, avec une bonté si grande, avec un empressement tel qu'on pouvait à peine distinguer celui des deux qui était le plus obligé. Un instant d'entretien suffisait pour vous pénétrer d'admiration pour ses connaissances, de respect pour ses vertus, d'attachement pour sa personne. Chacun voulait le consulter, chacun aimait à recevoir ses avis; tous les voyageurs venaient lui présenter leurs hommages, et nulle grande entreprise pour la science ne fut commencée sans qu'on eût pris ses instructions, sans qu'il en dirigeât les résultats.

Il aimait à s'entretenir avec les jeunes gens qui montraient de l'aptitude aux travaux scientifiques; il les aidait de ses vues, il les animait par ses éloges, et soutenait leurs pas de tous ses moyens : en un mot, il se plaisait au mérite d'autrui. Pour l'infortune, il était un ami secourable, jamais sa bienfaisance n'a été sollicitée en vain. Son amitié ne se bornait pas, comme de nos jours, à de chaudes démonstrations apparentes; elle était véritable, elle était énergique, elle était courageuse dans les circonstances difficiles. Il conserva les habitudes simples de l'état qu'il illustra de tant de manières. L'emploi de son temps fut si bien calculé, que rien ne pouvait suspendre l'accomplissement ni l'ordre des devoirs qu'il s'était prescrits.

Une âme de cette trempe ne devait rencontrer que des amis, que des hommes dévoués : aussi fut-il généralement vénéré. Ses aides l'aimaient par sentiment; ils lui obéissaient par plaisir; nulle fatigue ne leur coûtait pour satisfaire à ses vues, pour mériter son approbation.

L'âge et les infirmités qui en sont inséparables ne purent imposer un terme à l'activité la plus ardente :

chaque jour il visitait les végétaux qu'il avait plantés; il se plaisait à les interroger, à présider à la croissance de ceux dont la culture, jusqu'à lui imparfaite, peu connue, ou point encore tentée en France, était son ouvrage. Cependant, quel qu'importante elle soit chez certains hommes, la vie a son heure fatale. Le premier signal de celle de notre illustre ami, Messieurs, date du mois de janvier 1823. *Je suis averti, je me prépare,* me disait-il alors que je l'engageais à prendre du repos, sans cependant que ma pensée osât pousser plus loin. Lui seul a vu sa position, il ne s'en émeut point, et s'occupe sans relâche à revoir ses manuscrits, à donner un dernier coup-d'œil à ses travaux. Une si douce consolation lui fut ravie quand le *prurigo senilis,* cette affreuse maladie de l'appareil tégumentaire, qui attend l'homme studieux aux extrémités de la vie, vint empoisonner ses derniers jours et l'envelopper d'un feu dévorateur. Le 1er octobre dernier, elle l'obligea à se mettre au lit et, comme Théophraste, à se plaindre du peu de temps laissé à l'homme alors qu'il est riche d'une expérience chèrement acquise. Le regret de perdre inutilement ses journées fut pour lui plus amer que ses cruelles souffrances n'étaient poignantes. Le 19, sa figure, encore animée, annonçait que son esprit et son cœur, toujours d'accord, créaient de nouveaux plans d'améliorations pour l'établissement. Mais bientôt de sinistres pensées, avant-coureurs d'une séparation éternelle, donnèrent à la fièvre une âpreté dévorante; le délire succéda et détruisit tout espoir dans l'âme déchirée de ses parens, de ses amis en larmes. Le 26, la journée fut calme; il avait encore toutes ses facultés intellectuelles, sans en excepter la mémoire qui nous quitte la première; le lendemain 27, il parut jouir de se voir entouré de tous les siens; ses yeux s'arrêtaient sur chacun d'eux; son âme les plaignait, elle les consolait en leur disant encore combien il les aimait; il les priait de pardonner le chagrin qu'il leur causait: c'était le premier, c'était aussi le dernier..... Hélas! c'est en cet instant si pénible à décrire, c'est en leur pressant les mains, c'est en faisant des vœux pour leur bonheur qu'il s'endormit pour toujours du sommeil des justes.

Ainsi cessa de vivre, à l'âge de soixante-dix-sept ans, le régénérateur de l'agriculture française, notre maître à tous, et mon plus cher ami. Nos cœurs l'appelleront en vain, en vain nos larmes et les sanglots de sa famille le redemanderont à la terre qui le cache à nos yeux: il n'est plus, mais il laisse à ses parens l'héritage d'une vie sans tache, d'une conduite sans reproche et la certitude de la réputation la mieux acquise; à nous, Messieurs, il laisse le souvenir de ses nobles travaux, le besoin de penser et d'agir comme lui. Son nom est à jamais inscrit sur les tables de l'honneur; il est inséparable de la gloire agricole de notre patrie, il sera cher aux âges futurs, il le sera partout où il y aura des âmes reconnaissantes.

LISTE

Des ouvrages publiés par A. Thouin.

1785. — Notes sur la rhubarbe et le lin vivace de Sibérie. (*Mémoires de la Société d'agriculture de Paris*, trimestre d'été, pag. xxx à xxxij.)

Observations sur le chanvre de la Chine. (*Idem*, trimestre d'automne, pag. xxvj à xxviij.)

Extrait des observations faites dans les différens cantons de la généralité de Paris sur les diverses branches de l'économie rurale. (*Idem*, années 1785 et 1786.)

Ces observations ont été rédigées de concert avec Auguste Broussonnet.

1786. — Mémoire sur les avantages de la culture des arbres étrangers pour l'emploi de plusieurs terrains de différente nature, abandonnés comme stériles. (*Idem*, trimestre d'hiver, pag. 43 et suiv.)

1787. — Mémoire sur l'usage du terreau de bruyère dans la culture des arbrisseaux et arbustes étrangers, regardés jusqu'à présent comme délicats dans nos jardins. (*Mémoires de l'Académie des sciences*, vol. de 1787, pag. 481 à 495.)

André Thouin avait lu plusieurs autres mémoires à cette Société savante; plusieurs devaient être imprimés dans le recueil de ses actes, entre autres un cité dans le vol. de 1786, p. 45, et ayant pour titre: *Sur un nouveau genre de plantes* (je n'ai pu dé-découvrir quel il était); mais à la suppression de l'Académie, le 8 août 1793, les pièces mises à part depuis 1787, pour composer les volumes des années 1788 et suivantes, furent dispersées dans divers dépôts littéraires; elles n'ont point été publiées; et ce qu'il y a de pire, elles sont même perdues.

Dictionnaire de l'Encyclopédie méthodique, 10 vol. in-4°, de 1787 à 1822.

Toute la partie du jardinage est de André Thouin.

1788. — Observations sur les moyens de tirer un parti avantageux des végétaux grimpans dans la confection des prairies artificielles. (*Société d'agriculture de Paris*, trimestre d'été, 1788, pag. 1.)

Il y propose de donner à ces plantes des tuteurs choisis parmi d'autres fourrages à tige droite et de même durée.

1791. — Sur le mélilot de Sibérie. (*Feuille du cultivateur*, tom. I, p. 179.)

Procédés pour détruire les laiches, achées ou vers de terre. (*Idem*, pag. 351.)

1792. — Histoire de la culture de l'ananas. (*Idem*, tom. II, pag. 149.)

1795. — Annuaire du cultivateur, ou Répertoire universel d'agriculture; Paris, 1 vol. in-8°.

Cet ouvrage a été rédigé avec ROMME, DAUBENTON, PARMENTIER, CELS et autres.

1798. — Du choix des arbres à consacrer aux sciences et aux beaux-arts. (*Décade philosophique*, 3e trimestre de l'an VII, pag. 138 et suiv.)

Ce mémoire a été rédigé de concert avec M. le professeur DESFONTAINES. L'arbre demandé par ANDRÉ THOUIN pour servir de symbole aux sciences était le cèdre du Liban; le platane oriental, chanté par les poëtes de l'antiquité, était indiqué par son collègue pour emblême des arts d'imagination et de goût. Au sujet de ce dernier emblême, il y eut une réclamation faite par M. ANDRIEUX. « Le nom seul de platane, » disait-il, doit décider de son exclusion dans le choix » qu'on se propose de faire. Donnez aux poëtes, aux » artistes, l'acacia, le cytise, le lilas, ou même le » tilleul, qui est aimable, d'un verd doux, et dont la » fleur répand un parfum agréable. Mais pour Dieu, » point de platane!... » M. FRANÇOIS DE NEUFCHATEAU, alors ministre de l'intérieur, qui avait sollicité ce petit travail, ne donna point de suite à l'intention manifestée.

1801. — Leçons d'agriculture. (Insérées tom. VII et IX du Recueil des séances de l'Ecole normale, in-8°.)

La première partie traite de l'histoire de l'agriculture à partir de la réorganisation des peuples qui suivit la dernière révolution physique du globe, jusques et compris le XVIIIe siècle de l'ère vulgaire, qui fut si grand et que l'on prend tant de soin de calomnier chaque jour. Dans la seconde, l'auteur décrit les instrumens et les diverses opérations de culture. La troisième devait rouler sur les récoltes, qui sont la juste récompense des travaux, des soins et de l'intelligence du cultivateur, mais elle n'a point été publiée, l'Ecole normale, noble et généreuse fondation, ayant, avec la classe des sciences morales et politiques de l'Institut de France, été frappée de mort par le despotisme impérial.

André Thouin n'avouait point cet ouvrage. « Copié » à mon insu, dit-il dans une note écrite de sa main, » sur des feuillets informes, et dont je n'ai pas vu » les épreuves, ce travail est rempli de contre-sens et » fourmille de fautes typographiques qui le rendent » presque inintelligible. »

1802. — Nouveau dictionnaire d'histoire naturelle, appliquée aux arts, à l'agriculture, à l'économie rurale et domestique, etc., *première édition*, 24 vol. in-8°, Paris, 1802 à 1804; *seconde édition*, 1816 à 1819, 36 vol. in-8°.

André Thouin a traité de l'application de la botanique à la culture, au jardinage et à l'économie rurale, ainsi que l'histoire des différentes espèces de greffes ; mais il n'approuva jamais la fastidieuse étendue que des plumes vénales ont donnée à cet ouvrage.

Mémoire sur une école d'arbres fruitiers, établie au Jardin national des plantes de Paris. (*Annales du Muséum d'histoire naturelle*, tom. I, pag. 135.)

Notes sur la fructification d'un jamrosade dans les serres du Jardin national des plantes. (*Idem*, pag. 357.)

1803. — Notes sur la culture de l'arbre teck. (*Idem*, tom. II, p. 75.)

Description de l'école des plantes d'usage dans l'économie rurale et domestique, établie au Jardin national des plantes de Paris. (*Annales du Muséum d'histoire naturelle*, tom. II, pag. 142.)

Observations sur un envoi de plantes vivantes, et sur la naturalisation et la culture du lin de la Nouvelle-Zélande (le *Phormium tenax*) qui en faisait partie. (*Idem*, tom. II, pag. 228.)

Mémoire sur la culture du genre nombreux des bruyères. (*Idem*, pag. 444, et tom. III, pag. 326.)

1804. — Note sur la culture des patates et des pommes-de-terre. (*Idem*, tom. III, pag. 183.)

Mémoire sur la culture des dahlia, et sur leur usage dans l'ornement des jardins. (*Idem*, pag. 420.)

Notice sur les dégâts occasionés dans le jardin du Muséum national d'histoire naturelle par l'ouragan du 6 nivôse an XII, le 17 janvier 1804. (*Idem*, tom. IV, p, 32.)

Description du jardin des semis du Muséum d'histoire naturelle, de sa culture et de ses usages. (*Idem*, pag. 263, et tom. VI, pag. 172.)

1805. — Description et usage de plusieurs ustensiles de moderne invention, propres à la culture d'un grand nombre de plantes dans les écoles de botanique. (*Annales du Muséum d'histoire naturelle*, tom. VI, pag. 236.)

A la suite de ce mémoire on trouve la figure d'un parapluie, d'un contre-sol d'osier et un autre de terre, d'un châssis portatif, de deux grillages et d'une cloche à facettes.

Note sur les effets qu'a produits l'opération de la plaie annulaire sur un pavia à fleurs jaunes. (*Idem*, tom. VI, pag. 437.)

Essai sur l'exposition et la division méthodique de l'économie rurale, sur la manière d'étudier cette science par principes, et sur les moyens de l'étendre et de la perfectionner. (En tête du tome XI du *Cours complet d'agriculture* de l'abbé Rozier; in-4°.)

Ce volume et le suivant, publiés pour compléter le grand ouvrage de cet illustre agronome, contiennent divers articles de jardinage par André Thouin.

1806. — Description d'une nouvelle espèce d'arbre à fruit du genre pêcher, nommé pêcher d'Ispahan (*Amygdalus persica Ispahamensis*), insérée dans le tome VIII des *Annales du Muséum*, pag. 425.

1807. — Description de l'école d'agriculture du Muséum d'histoire naturelle. (*Idem*, tom. X, pag. 130, 182 et 265; XI, pag. 94; et XII, pag. 205.)

Les différentes parties de ce travail vont jusqu'à l'année 1812.

1809. — Nouveau cours complet d'agriculture théorique et pratique. — *Première édition*, Paris, 1809, 13 vol. in-8°. — *Seconde édition*, 1823, 16 vol. in-8°.

Quelques articles de culture.

1813. — Discours prononcé le 29 décembre sur la tombe de A.-A. Parmentier. (Imprimé in-4° par ordre de l'Institut et inséré au *Moniteur* du 30 du même mois.)

1815. — Histoire et description d'une nouvelle espèce de poirier envoyée du mont Sinaï. (*Mémoires du Muséum d'histoire naturelle*, tom. I, p. 169.)

1817. — Moyen simple et avantageux de former et de conduire les tas de fumier. (*Bibliothèque physico-économique*, tom. I, pag. 169, de ma rédaction.)

Note sur la culture et les usages du pin de Riga; in-8°.

1818. — Instruction sur les recherches qui pourraient être faites dans les colonies sur les objets qu'il serait possible d'y recueillir, et sur la manière de les conserver et de les transporter. (*Mémoires du Muséum,* tom. IV, pag. 193 et suiv.

Toute la partie relative au règne végétal, pag. 218-à 231, appartient à ANDRÉ THOUIN.

Note sur la culture et les usages du pin laricio de Corse; in-8°.

Publiée d'abord dans le tom. IV, pag. 73 et suiv., de ma *Bibliothèque physico-économique*, puis imprimée à part, et insérée dans les *Annales de l'agriculture française*, tom. II, de la 2e série, p. 97. Cette note a eu une seconde édition en 1821.

1819. — Note sur la culture et les usages du chêne à glands doux (*Quercus Ballotta*), in-8°.

Note sur la soude d'Alicante ou Barille (*Salsola sativa*); in-8°.

1821. — Monographie des greffes, ou Description technique des diverses sortes de greffes employées pour la multiplication des végétaux. Paris, in-4°, avec treize planches lithographiées.

Cet ouvrage est le résumé des différens mémoires sur les greffes que ANDRÉ THOUIN avait insérés tant dans les *Annales du Muséum* (t. XII, p. 410; XIII, pag. 123 et 138, et XIV, pag. 85), que dans les *Mémoires* de cet établissement (tom. I, p. 257 et 417; II, pag. 165, 253 et 421; III, p. 68; IX, p. 464, et X, pag. 405).

Description sommaire du blé de Tangarock, sur la mer Noire, en Crimée. (*Annales de l'agriculture française,* tom. XIV, de la 2e série, pag. 251.)

1822. — Instruction sur l'établissement des pépinières, leur distribution, leur culture et leur usage. (*Bibliothèque physico-économique*, tom. XI, pag. 289 et suiv.)

Ce mémoire a été imprimé séparément, in-8°, et inséré dans tous les recueils consacrés à l'agriculture, tant nationaux qu'étrangers.

Rapport sur la folle-avoine du Canada, le *Zizania clavellata* des botanistes. (*Annal. de l'agriculture française*, tom. XVII de la 2ᵉ série, pag. 95.)

1823. — Circulaire relative à des graines de six espèces de rutabaga, ou chou de Suède, venues de l'Ecosse. (*Idem*, tom. XIX de la 2ᵉ série, pag. 213.)

www.ingramcontent.com/pod-product-compliance
Ingram Content Group UK Ltd.
Pitfield, Milton Keynes, MK11 3LW, UK
UKHW020429220726
13923UKWH00005B/2150

9 782019 652852